HOWLING WOLF BOOKS

Ga i goffi os gwelwch yn dda?

May I have a coffee please?

Wrth gwrs,
ond sut wyt ti'n hoffi dy goffi?
Of course,
but how do you like your coffee?

hanner llawn
half full

hanner gwag
half empty

o   **bowlen**
from a bowl

gyda hufen
with cream

neu **ormod o hufen**
or too much   cream

Mae rhai pobl
yn hoffi coffi
yn y parc

Some people
like coffee
in the park

Mae rhai pobl　yn hoffi coffi　ar y bus
Some people　like coffee　on the bus

Mae rhai pobl yn hoffi yfed coffi o diwba

Some people like drinking coffee from a tuba

Mae rhai pobl yn hoffi yfed coffi o welltyn
Some people like drinking coffee from a straw

Mae rhai pobl yn hoffi coffi o flaen tân

Some people like coffee in front of a fire

Rhai yn hoffi coffi yn yr eira

Some like coffee in the snow

Mae rhai pobl
yn hoffi coffi
Some people
like coffee

mewn breuddwyd

in   a dream

Rhai pobl yn hoffi coffi drud

Some people like ex<u>pen</u>sive coffee

Rhai pobl yn hoffi coffi rhad.
Some people like cheap coffee.

Mae rhai pobl yn hoffi coffi
yn gwisgo coron,

Some people like coffee
wearing a crown

menig,   gloves

sbect**ol,** spectactles

neu ddim byd
or   nothing

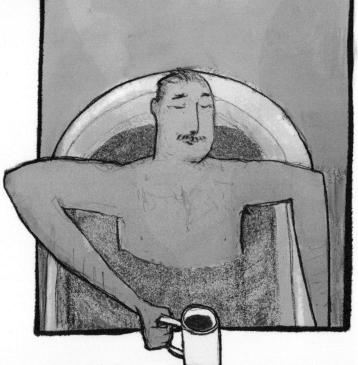

Mae rhai pobl yn hoffi coffi gyda chynhwysion ffres
Some people   like   coffee with fresh ingredients

Mae rhai pobl yn hoffi coffi gyda chynhwysion rhyfedd
Some people like coffee with strange ingredients

Mae rhai pobl yn hoffi coffi ar y dechrau

Some people like coffee at the start

Mae rhai pobl yn hoffi coffi ar y diwedd

Some people like coffee at the end

Mae rhai pobl yn hoffi coffi gyda'i ffrind gorau

Some people like coffee with their best friend

Felly, sut wyt ti'n hoffi dy goffi?
So, how do you like your coffee?

Hoffwn i fy nghoffi ...
I would like my coffee...

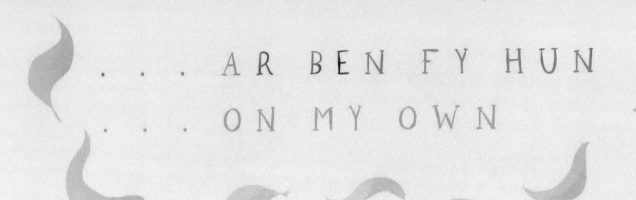

. . . . AR BEN FY HUN

. . . ON MY OWN

DIOLCH AM GEFNOGI

HOWLING WOLF BOOKS

howling wolf books.org

@ HOWLING WOLF BOOKS

Printed in Great Britain